志ある経営者の皆様へ

決意すれば運命が変わる！

元銀行員が見てきた本物の経営者とは？

石塚 隆正 著

Bandaiho Shobo

志ある経営者の皆様へ

決意すれば運命が変わる！

元銀行員が見てきた本物の経営者とは？

はじめに

毎週日曜日に「志ある経営者の皆様へ」激励文を送り始めて、早９０回を越えた。親の涙に負けて、経営学者の卵から実業の世界に入り、４０年強。

横濱正金銀行の後裔・東京銀行に入行後、東京三菱銀行・三菱東京ＵＦＪ銀行と会社の看板は変ったが、様々な業種・業態のお会社と取引させて頂いた割には、他の皆様のように大見得を切って語る事柄は少ない。黙して語らず、秘めて墓場まで運ぶ事柄を多く背負い過ぎているのだ。

ある火曜日の午後2時半、旧中央省庁の局長から名指しで電話が入った。「肩で風切り・天下国家を動かすと豪語する銀行員も、バブル崩壊後は内向き・下向き・後ろ向きで、天下国家を守ろうともしない Cheat（ズル賢いまやかし者の意）な人種だ。ところが正論を吐き・押し通し・何としても形を創る人間がいた、あなただ。手伝ってくれ」と頼まれ、誰にも言わず黒子に徹し、地価４割減の只中で、何とか日本を壊さずに奔走した。

だから、民間部門で経済社会を支える「志ある経営者」が必要だ。そんな事から、「志ある経営者」に 勝手に激励文を送り始めたのです。

高齢者の仲間入りをしてから会社を興した。㈱リブラン創業者の鈴木静雄さんやBE研究所所長の行徳哲男先生の激烈な指示に依る。個別企業の倫理経営の推進が、倫理資本主義を齎し、地球全体を良い方向に持って行くための「隅の頭石」となれというのである。誠に有り難い事だ。

東京都倫理法人会の幹事長時代、広報委員長を務めてくださった釣部人裕さんが、マスコミ報道を鵜呑みする日本社会から冤罪に問われ、しかし世に残る書籍を後世に伝えたいと「万代宝書房」を立ち上げた。その心意気に感じ、鈴木静雄さんのお勧めもあり、茲に拙い本書を上梓する次第です。

古代ローマの詩人ホラティウスは云う「難しいのは、第一歩を踏み出すことだけである。あなたのことを言っているのですよ！」と。

二〇二〇年十月吉日

株式会社 GLOBAL ETHICS 経営研究所
代表取締役　石塚　隆正

第一話　本物の経営者とは？

東京銀行出身で支店長・支社長の経験から流通小売業界・不動産会社の社長を経て、現在経営コンサルタントとして多くの講演活動をしている石塚氏が「個人、組織が与えられた役割を通じて世の中の役に立ち、社会貢献する存在でないと長く生き残れない。組織体の運営や経営を上手にできる人格・人物が経営者である。」と話す。昔の顧客満足度重視の時代から、今の時代の変化にどのように対応すべきか。従業員の目標達成へのメカニズムについても伺います。

1、メルマガ配信の始まり

釣部：今日は経営コンサルタントの石塚隆正さんにお越しいただいております。石塚さんといえば、『志ある経営者の皆様へ』というメルマガを毎週日曜日に発信されていますが、どうしてこれを始めようと思ったのですか？

石塚：なぜこんなことを突然書き始めて、志ある経営者の皆様に送り始めたんだろう？ と、自分で考えてみると、親の涙に負けて、実は経営学者の卵だったんですけれども、そこから実業の世界に足を踏み入れたということがきっかけなのではないかと、遠因がね。ある日「親父、日銀と東銀、どっちが面白い？」と訊いたら、「そりゃお前、正金だよ」って言われたんです。

釣部：正金というのは？

石塚：横濱正金銀行の正金。明治時代の男で、三鷹の中島飛行機で戦闘機のエンジンを製っていた男だったのでそう言ったのです。私は「なるほど！」と思い、それで横濱正金銀行の後裔《こうえい》である東銀、日銀ではなく東京銀行に入ったのです。当時は都市銀行が14行あったんですよ。

三菱三綱領の前で
東京三菱銀行神田支社長（右：本人）と右腕の副支社長（左）

東京銀行は一番小さくて、6000人しか従業員がいませんでした。普通の銀行の3分の1。男子行員はもちろん少なく、2300人。そのうちの700人ぐらいが常時海外拠点で勤務していました。

外国為替と国際金融の専門銀行なので、何をやっても面白いわけです。課長とか頭取とか言わず、全部さん付け。自由闊達なんです。自分なりの仕事をさせてくれるので、面白くて、どんどん実績も上がって…。

ある時期私は、貿易金融アジアで一番なんていう時代があったんです。でも、お取引先の経営者さんと付き合っていると、やっぱり本物の経営者さんこそ大切だなと。

民間部門で**世界の経済を支えていくのは本物の経営者さん**だということがわかって、それを見抜かなくちゃならないぞと。

しかし、それがなかなか難しいので、志のある経営者の皆様に私の経験の中から心から伝えたかったことを伝えていこうと、自分勝手にね。

結局、人生って人間いつからでも変えられる。

気づいた瞬間から変えられる。だから**人生は今日が本番、昨日まではリハーサル**と。繰り返しになりますが、志ある本物の経営者が地球全体を救うぞと。おこがましいんですが、そのための気づきとか励ましになる簡潔な文章を、毎週勝手にお送りするのはどうであろうかということで始めたんです。

2、経営とは

釣部：今、石塚さんはいろんな経営者の方々とお付き合いをされていて、グローバルなお付き合いもあったと思うのですが、その中で本物の経営者じゃないとだめだというじゃないですか、では、本物の経営者とは何ですか？　というより偽物もあるんだなということですが…。本物の経営者というのは、どういう方ですか？

石塚：いきなり鋭い質問ですね。ちょっと自慢話にもなってしまいますが、１９９１年にロナルド・コースという人が企業の本質、『企業とは何か』というたった17ページの論文で、ノーベル経済学賞を受賞したんです。

釣部：17ページですか！　文系の論文で？

石塚：はい。それは『企業とは何か』で、それに対して私の学術論文が『経営とは何か』というものなのです。そこで経営ですが、人間が集まって集団をつくる、組織をつくる。法律用語では組織体のことを社団といいますが、その組織体や社団の運営や経営をうまくマネージする。

もっと全般に広げると、物事を良い方向に持っていく、上手にマネージすること。これをマネージメント、「経営」というふうに私は定義しています。人間社会ではそれぞれの人々、企業もそうですが役割を与えられて、その役割を通じて世の中の役に立つ、社会に貢献する存在でないと長く生き残れない。

そういう**組織体の運営や経営を上手にできる手腕を有した人格とか人物**、これを**経営者**というわけです。経営学の分野ではね。ですから経営者というターム、語彙には上手に経営のできる有能者というのが、あらかじめ含まれているわけです。（笑）

シュンペーターは「革新企業者」というタームを使っているんですが、経営がへたくそな人物というのは経営者とはいわないんです、学問の世界では。さらに最近では、従業員の皆さまの健康を大事にするという、「健康経営」というものも経営手法の中に入ってきました（「日本一わかりやすい健康経営」金城 実 プレジデント社）。

健康経営とは、**従業員を会社の宝**と考えて、自分の家族のように大切にする。そういう経営を進めていくと、従業員の皆さまが元気になって、みんなの笑顔が広がって職場の雰囲気が良くなる。そうすると病欠も少なくなり、メンタル不調も少なくなり、パワハラとかそういうものさえ爽やかな職場環境ではなくなってきて、業務執行上のミスや事故も減ってくる。生産性が上がり、加えて良いアイデアや意見もどんどん出てくる。すると、事業開発や会社の発展性まで確保でき、事業や会社の永続性が担保できると。最近では「SDGs（Sustainable Development Goals：持続可能な開発目標）」というのがはやっていますが、そういうグローバルな・地球規模での水準で経営もできてくるということで、そういう経営を行える経営者を本物の経営者と、こういうふうに呼んでいるわけです。

釣部：昔は顧客満足度ナンバーワンというのが良かったけど、今は社員満足度ナンバーワンといいますよね。

石塚：以前はＣＳ・カスタマーサティスファクションが大切だと。今はＥＳ・エンプロイーサティスファクション、従業員を通じてその先のお客様に対して、ということ。**従業員が満足する経営をすることによって、その幸せ度がその先のお客様に伝わっていく**ということなのです。21世紀は心の時代、心を大切にする時代ということで、そういう経営手法に変わってきているんです。

釣部：一つ気になったのが、先ほどリハーサルが本番で、本番がリハーサルだと。これってある意味哲学的で深い言葉だと思うんですけど…。

石塚：「今日が本番だぞ！」と相当の覚悟を持ってやったり、「さあ、やるぞ！」と気合いを入れて本番を始めるわけですが、そうすると身体全体が反応して、本気で経営に打ち込んでいくわけです。そうなってくると身体全体も活性化されるし、周囲の人たちにもそれが通じるし、従業員の皆さんもそういう形で真剣にやってもらうと、その瞬間から本番が始まると。

だから昨日までは、もしくはその寸前まではそのためのリハーサルだと。そうすると今も申し上げましたが、自分が強く心に決めて相当の覚悟を持って始める行動、それが積み重なって生活になる。その生活が積み重なって人生になる。

これは志というか、気持ちを変えるというか、真剣になるというところで、**いつからでも変えられる**。変えようと思って行動する瞬間から変えられると。だから、人生は今日が本番であり昨日まではリハーサル。で、本番がリハーサルであってリハーサルが本番であると。

こういうふうになって、どんどん質が高まってくるから、リハーサルが本番になるし、本番が次のリハーサルになるという連続的発展につながる。個人のあるいは会社リハーサルが本番になる組織もそうですが、生活というか人間でいえば一種の人生の教訓にまでなっちゃうと。ちょっとうまく説明できませんがそういうこと。

釣部：要は今日、本気で生きました、仕事しました。だけど、明日になってみれば昨日の本気はリハーサルでしかなかったということ？

石塚：しかし人生に無駄はないから、そういうものが人間の中で脳を含めて身体、細胞全体が覚えていて、それをきっかけとして新しいものを創造、生み出していけるという意味で。

釣部：繰り返し。だから本番でありリハーサル。リハーサルと本番が共存しているということですね。

石塚：そう考えていいんじゃないかと思います。

3、諦めないこと

釣部：では、私が選んだ「これってなに？」というのをいくつかピックアップさせてもらいました。「あなたには独自の才能がある」と、「今の状況を改善し…」というのがありますよね。（次頁の激励文参照）

「現実に負けて自分の夢を諦めてはいけない」と、「人生はあなたの決意が決めるのだ！」という、この一連の文章があるのですが。

人生ってやっぱり厳しいと思うんです。だから、現実の夢を諦めることってあると思うんですよね。それに対して「諦めてはいけない」ときているじゃないですか。これって何かの体験から、諦めなかったからこうなったんだよとか、諦めてこういう失敗があったんだよとか、あとはお客様で、こういう人がいて諦めなかったからうまくいったとか、諦めて失敗したとかちょっと具体的にお話を聞きたいです。

石塚：具体的なのが出るかな？　それよりもさっきも話しましたけど、人間って太古から生き物として動物の時代から人間の時代までできたじゃないですか。なので、大自然の危険を察知したら、それをうまく避けるため、あるいは積極的に新しいものを創り出していくような、**創造的な活動という神経と情報のネットワークのシステムが身体の中に備わっている**わけです。

決意すれば運命が変わる（1）

あなたには独自の才能がある。

今の状況を改善し、自分のやり方で、人の心の琴線に触れる心地よい世界を創り出すことが出来るのだ。

いいかい、現実に負けて自分の夢をあきらめてはいけない。

人生は あなたの決意が決めるのだ。

もう一度言おう。どんな人間になり、どんな人生にするかを決めるのは何か？

それは あなたの決意にある。

こうすると決めた瞬間に、あなたの運命は形造られるのだ。

さあ明日の元旦に 人生を切り拓く決意をしよう!!


それはRAS（Reticular Activating System）、網様体賦活系という危機管理ネットワークですが、生死にかかわるような危機情報、あるいは自分が真に望む成功に必要なもの以外の情報というのは、できるだけ合理化して排除していくような機能があるんです。

なので、今も申し上げたとおり、**強い決意に基づく明確な目標を設定して、脳に何が重要かと、これを教えないと逆に脳は気づくことさえなくて、夢をかなえる身体全体の機能も働かないようになっている。**逆にこのスイッチを入れ、強く決意すればこの神経や情報システムというのは、自分が決意した目標を素早く達成するための情報や、そのためのチャンスを引き寄せてくれる。

だから、短期間で人生が変わってしまうのです。どうしたら諦めずに決意できるのかという疑問を呈する前に、自分が本当に望むこと（自分が本当に望むことを明確につかんでいる人って少ないんですが）、大好きなことや、今非常に興味を持ってのめり込んでいるようなことに正面から向き合えば、必ず必要な情報と行動のきっかけが訪れるようになっていると。

身体全体がそれに集中して統御されるような仕組みができているということです。

学生時代、教務係の職員さんがいました。僕は学生時代、簿記、会計のゼミにいまして、その方に「きっちりと物事ができるね。簿記の練習したら？」と、先生も我々も褒めてたら一生懸命打ち込んで、公認会計士試験に受かっちゃった、1回で。

昔の公認会計士の国家試験って司法試験の次ぐらいに難しいんですよ。そういうことがあるので、自分の志に添うこと、**自分が大変興味を持っていることに集中すると、人間の身体全体がそれに向き合って、必要な情報は得られるし、避けなければいけないことは避けろというような身体の働きができる**ので、自分の真剣な気持ちを強く持てばなんでもできるのではないかと、思えるようになったんです。

釣部：発想が逆ですね。条件が合ったからこれができるとか、あと少し足りないから頑張ろうではなく、そもそも思うからその条件がそろってくる、情報が集まってくると。すごくレベルが低いんですが、家を買いたいとか、マンション買いたいと思っただけでマンションの情報が目に入ってきますよね？

石塚：おっしゃるとおり。

釣部：でも、思ってないときって素通りしていますよね。車が欲しいと車の情報が入ってくるということで、自分が夢としてこれこれをしたいと思うと、自ずとその情報が集まってくるし、チャンスも自ずと集まってくる。でも、真剣に思ってないとそんな情報は集まってこない。

㈱ナミキ 代表取締役社長時代

石塚：そういうことです。21世紀は心の時代で、人々を幸せにするような活動、それが集まって経営になりますけど、思いとか、その心というのが大事で、こうしたいというものがあると、身体全体がそれに向かっていって統御されていくようになっていると、そういうことです。

釣部：石塚さんのこのメルマガ

アメリカンフットボール「ジャパンボール」戦
試合前にアメリカ代表選手と。横浜スタジアム 右端が本人。

を見て、全部内容違っても、トータルで流れているのは、「決意しろ！諦めるな！」ということがベースなのかなと私はそんなふうに思うんです。それがここにあったわけですね。

第二話　成功する社長、失敗する社長

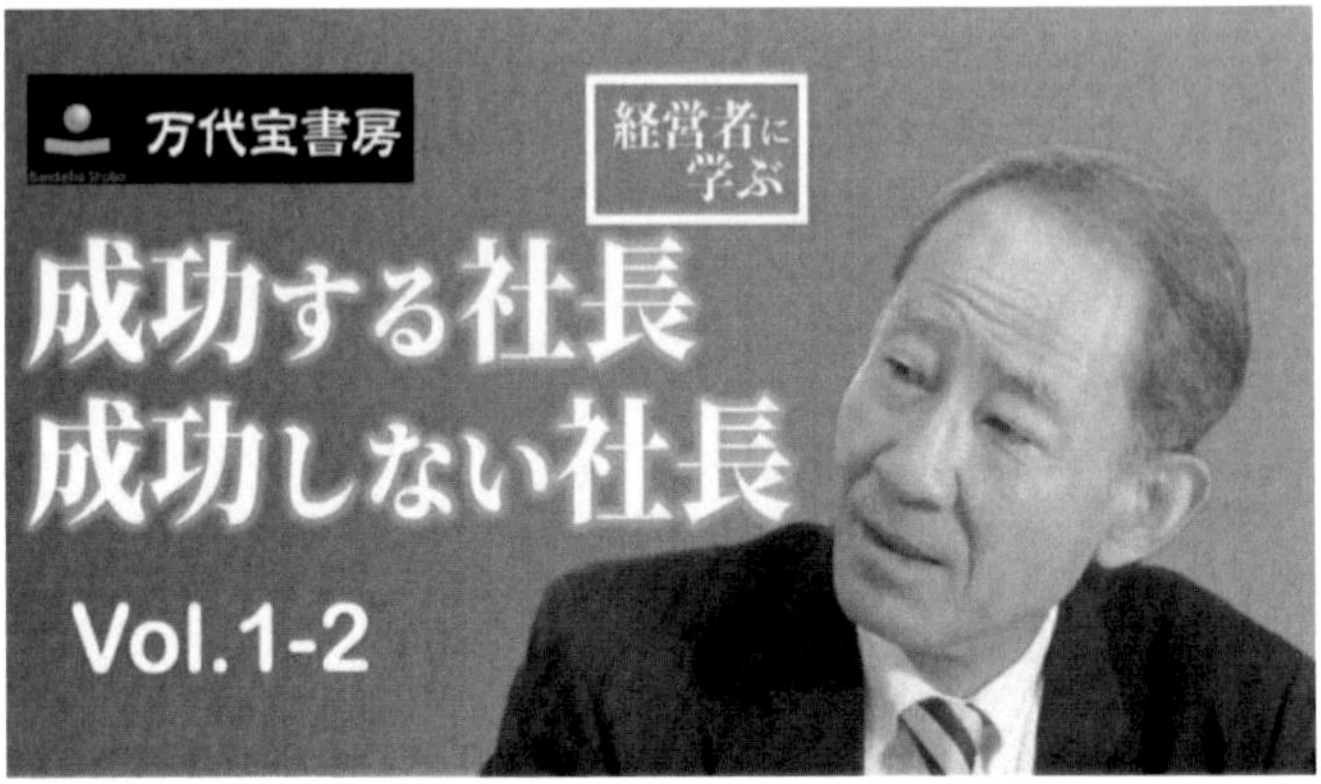

良い経営者の振る舞いとは？ 上手くいった社長と失敗した社長の特徴から気づいたこと。移動中の電車で体験した外国人のうるさい若者に注意して起こったトラブルから古き良き日本の文化を守りつつも感じた時代の変化や、石塚氏自身が若かりし銀行員時代に経験した、様々な難所をどのように切り抜けたのか、その心の持ち方や考え方について話を伺います。

1、金融機関が経営者にお金を貸すとき

釣部：次もまた決意ですが（27頁の激励文参照）、「決意に基づく挑戦は、時に失敗や挫折が付き物だ。失敗を嘆くのではなく」と、「人生に失敗などない」と。「人生は行動とその結果があるだけなのだ」と。「失敗から学び…」といいますが、具体的に、例えばこういうことを失敗して学んだんだよという、逆に成功例ではなく。

石塚：難しいね。

釣部：失敗してないかもしれませんが。

石塚：銀行員時代、シンガポール勤務の時なんですが、今でも世界的に有名なフィルム会社さんと、コピー機、複合機会社さんがたまたま私の担当先の二社だったんです。それぞれの現地の社長さんが非常に細かいことを聞いてきました。

とにかくお客様は大切にしなければいけないので、「そんなことは自分で調べればすぐわかるでしょう?」ということに対しても丁寧に対応していたんです。ところが、フィルム会社の社長さんはいかにもディマンディングで、要求ばかりで、それこそなんでも私を便利屋のように、ひっきりなしに聞いてくるわけです。

こういうことを続けていくと、ご本人のためにならないと思い、「それんなことはご自分で調べればすぐわかることですよ」とある時、申し上げたんです。そうしたら、「ほら！　本音が出たな！」と。私を試してたと思うんですけど……。

シンガポール時代
水族館前で。1986 年

「その言葉を待っていたんだよ」と。「社長に対して失礼だろう！」と、烈火のごとく人格が変わり、怒り出したんです。おそらく私を担当者のぺーぺーと見ていたんだなと、私に物を言わせぬ人間としての重みがなかったなと反省しつつ黙って聞いていたんです。

他方でコピー機、複合機会社の社長さんは、ざっくばらんで、私のそういう言葉に「あんたの言うとおりだな」「甘えちゃいけないな」「自分で対応して隘路に迷い込んだら、また教えてくれよ」とこういう対応だった。

後に、後者の社長は、世界的な経営者として知られて、今、新聞紙上を賑わせてい

決意すれば運命が変わる（5）

決意に基づく挑戦には、時に失敗や挫折がつきものだ。失敗を嘆くのではなく、何を学ぶかが その先の人生を実り大きなものにしてくれる。

だから 人生に失敗などない！
人生には行動とその結果があるだけなのだ。

行動の結果、失敗もあるだろう。間違った判断の結果が失敗に結び付いたのなら、その経験を次に活かせばよいのだ。

失敗から何を学び、どう活かすかの行動の連続が 人生の質を決定する。
だから恐れず、周到に行動するのだ。

さあ今週も 心を込めて実践・行動に徹しましょう。決意し、行動する。人生に失敗はありません!!

るわけですが、前者の社長さんは、どこへ行ったのやら消えてしまわれました。これは、相手の人間性を踏まえて言葉を発しないととんでもない誤解につながるという教訓です。失敗談というにはちょっと違うかもしれませんが。むしろ日常の接客指針の部類であって、あまり人生の教訓にはなりませんね。

ちょっと話がズレますが、**金融機関が経営者さんにお金を貸すとき、経営者さんの人物を見て、いくらまで貸すかというのを胸の中で算段する**わけです。だから、この事例はそういうことに関連させたならば、人に金を貸す場合に経営者の器量と人物というものを判定するという問題に関係するな、というふうに理解してもらうとわかりやすいと思います。

もちろん人に会うたびにこの人には、あるいは釣部さんにはいくらまでお金を貸せるかなと、自分ひとりで考えるわけです、金融機関の人というのは。でも、１００億円貸して貸し倒れても、１００万円貸して貸し倒れても、これ責任に軽重はないんです。

釣部：そうなんですか!?

石塚：そう。私の時代は、支店長さんは一人で1億円まで貸し出せる権利がありました。店長裁量与信というんですが、店長さんが相手を見てお金を貸すんです。１００万円貸して貸し倒れても、本部に稟議を回して銀行全体として１００億円を上場企業に貸しても、貸し倒れたときの責任って同じなんですよ。貸し倒れた時点でその銀行員っておそらく将来がありませんから…。

釣部：じゃあ貸し倒れ1件ということになってしまう？

石塚：そうです。それでもうたぶん2年に1回の昇給・昇格が遅れるので、結局順調には上にいけない。明治時代なんていうのは、日本で企業が始まって、印刷屋さんから始まりましたけど、全部が今でいうスタートアップ企業で、金融機関は相手、人を見て経営者を見てお金を貸していましたが、今は安易に走り過ぎて、担保があればお金を貸すと。逆に担保がないと貸さないという状況で…。

経営者さんを見て、何を経営するのか、その理念や世の中の役に立つというのを見ず、担保があればお金を貸すという時代になってしまったので、やっぱり与信判断とか、審査能力というのは付かないなと思います。やっぱり**人と人との関係で、人間を見なくちゃだめ**だなと、そういうことです。

2、近くで見るのと遠くで見るのは違う

釣部：これは聞いた話ですが、経営者さんを見るときに、家庭環境を見るとか、あとは奥さんとの仲の良さを見るとか、従業員の挨拶の仕方とか、従業員と社長の何気ない会話を見ていると聞いたんですが、やっぱりそうなんですか？

石塚：人間は近くで見る場合と遠くで見る場合では違うと、金融機関に入るとそういうこと教わります。近くだと自分と一緒に話をしたり仕事を一緒にする人として判断するわけですが、遠くで見る場合にはどういう行動を取っているかなと。

一挙手一投足って自然のうちに目に入ってくるもので、そういうところで見ていま

して、例えば上に立つ人、支店長さんが自ら挨拶する前に、従業員の皆さんがみんなニコニコして明るく挨拶するというのは、集団の中で認められたというか、一緒に仕事したいなと認められている人なんですね。おっしゃる通りだと思います。

釣部：それから外国人の方に話す時、ちょっと言い方間違ったという失敗談があったと聞いたんですけど。

石塚：そうそう。1年ぐらい前、山の手線の中でアジア人だと思うんですが、突然大声でスマートフォンで話し出したんです。それで「うるさい！」と「Why do not you be quiet in public!?」と言ったら、当人とは関係ない私の横にいた目がクリっとした日本人に、「お前うるさい！ 友達に連絡を取っているかもしれない外国人に何を言ってるんだ！」と。それを何回も何回も大きい声で私を指さして怒鳴りまくったわけです。「何を言ってんのかな?」と思い、「これ、相手にしてはいけないな?」と思って、仕方がないので「文句があるなら事情聴取しますが、どこで降りますか？」という質問したわけです。

そう言ったら、次が山手線の原宿駅で、その日本人は平然と降りました。ですが降りたらビクついて出口のほうに歩いて行ったんです。学生時代なら私はアメラグもやっていたし、理屈のわからん奴は「コノヤロー！」と殴り飛ばしたり、頭を窓ガラス

アメリカンフットボール大学選手権審判クルー
（中央が本人）駒沢第二球技場 1977 年

にガーンとかやっていたんですけど、社会人をやるとね、新聞記事になったら皆さんに迷惑がかかっちゃうので、やっぱり事なかれ主義の人間に変化しちゃいますね。

スマホで通話をしていたアジア人のほうはびっくりしちゃって、つられて電車を降りて行ってしまいました。昔は道を歩いていても、小さい子どもの挨拶ができないとか、道の歩き方が悪いとか、人に迷惑をかけるなとか、社会教育として言ってくるおじいちゃん、おばあちゃんがいました。

釣部：いましたよね。

石塚：昔は社会教育というのがありましたが、今ないじゃないですか。なので、きっちり教えてあげなくてはと、日本に来たらこういうことを注意しなければいけませんよと言おうかなと思ったんです、それをちょっと逃しちゃいましたね。

本来であれば「Why donot you be quiet in public?」「You are in Japan.」「Do as the Japanese do.」「That is a Japanese way of courtesy,OK?」と。あなた今日本にいるんだよと。周りの日本人を見なさい、静かにしているでしょと、これが日本の礼儀のひとつなんですよ、わかりましたかというの教えてあげたかったんですが。

そのあと、私も頭にきちゃって警視庁に電話したんです。そうしたら出た人が面白くて、「最近の若者は、社会人といえどもあなたの年代とは全く考えが異なりますよ。警視庁の中でも若い警察官への訓示とか、日本語の伝達で苦労してますから」と言っているんです。

釣部：警察官の中で？

石塚：はい。だから、私の事務所がある、O警察署のS署長と同じこと言っているわけですよ。警察だから民事関係も注意するようにいろいろしてくださっているわけですが、やっぱり警察というのは刑事事件のほうに特化しないと大変な時代だなと、こういうふうに思いました。

人生に実り豊かな教訓とか結果をもたらさない事例ですが、釣部さんならどう対処されます？　これ。大変ですよね。

釣部：私は事なかれ主義で、車両を移るぐらいです。

石塚：何も言わずに車両移っちゃったほうがいいかもしれないね。だんだん世の中そういうふうになってくるかもしれませんが、公共交通機関で、静かにするのは日本人の特質じゃないですか。

もちろん、アメリカだったらワイワイガヤガヤお友達チックなことを出すのはいいかもしれないけれど、そういう**日本的な文化みたいなものがなくなっちゃうというのは寂しい**なと、こういうふうに思っています。

釣部：そういう思いがあるから経営者に対してはというので書いている？

石塚：そうなんですよ。

釣部：熱いですね、石塚さんって思いが。

石塚：そうかもしれませんね、釣部さんと同じ。

3、正義感

釣部：夢を実現するために、何が行動の妨げになっているかというのがありますが、「平然とやり始めることだ。一歩を踏み出そう！」と。「何のことはない、二歩目がついて出るのだ」ということで、何が行動の妨げになっているのか、それぞれあると思うんですけれども、石塚さんの場合は何が妨げになっていて、それをどんなふうにクリアしていきました？ そのへんをお聞かせいただきたいんです。

石塚：一般的には**行動を起こさざるを得ないという環境状況にあるとか、行動を起こす勇気がなければ行動に結びつかないん**ですが、私の場合はそういう意味では銀行時代に有無を言わさぬ怒涛の如くの案件対応をしなきゃいけないところに遭遇していたので、相談する相手もなく、何でも一人で、しかもお客様に急かされ、短時間で対応している内に、平然と行動できるようになったのです。東京銀行というのは、特に海外支店の場合、役席になって権限が与えられた人間が担当者なんです。ほとんど役席ばっかりなの、海外は。

釣部：全員？

夢を叶える操縦法（1）

夢を実現するために 何が行動の妨げになっているか！

行動が苦痛なのか。ならば、行動に移さぬことで どれだけの代償を払うのか考えてみよう。

苦痛に向き合うのも、それを越えて快感に結びつけるのも、全て自分で決められることだ。

さあ視点を変え、考えを変えよう。
辛い出来事を学びに変え、成長の糧とし、周りに役立つ喜びのチャンスに変えよう。

平然とやり始めることだ。一歩を踏み出そう。何のことはない、二歩目が付いて出るのだ。

さあ今週も、落ち着いて、笑みを浮かべて 奮闘努力致しましょう!!

石塚：はい。役席のぺーぺーが担当なわけです。なので、自分で考えてどんどんやれというわけです。それはそれでいいんですが、朝、開店するとお客様がどーっと流れてきます。20人ぐらい並んじゃう。

釣部：それは海外の日本の企業のお客様？

石塚：そうです。そうすると、机に着いたらそれこそお手洗いにも行けなくて、次から次にお客様が来店して案件を持ってくるわけです。

釣部：案件というのは融資の案件？

石塚：はい。工場を建てたいから資金をどうしようとか、あるいは大きな設備を持ってくるから、その輸入為替、貿易金融をどうしたらいいかとか、それらは特に金額が大きく、ユーザンス（支払猶予期間）を付ける。ある期間据え置いてから決済するわけです。「そういうのどうしたらいいですか？」と来るわけです。

毎日毎日そういうお客様が次から次に。嬉しいことですが、逃げるわけにはいかないのです。周りもそれぞれ忙しく、みんなそれぞれが孤軍奮闘しているわけ。そうすると、気持ちが弱いから「もうこれで今日帰ります」なんて、そんなことは言えないし、勇気がないとか、そんなことを言ってられないんです、やるしかない。

そうなってくると、**平然とできるようになっちゃう、やらざるを得なくなると**。しかも天下の横濱正金銀行、東京銀行ですから、海外の学校の先生たちも来るわけです。オーバードラフトといって、当座貸越枠を３００万円とか、５００万円とか生活資金を銀行が付けてあげるんです。外務省か文部省からの派遣で海外の日本人学校に赴任されてくるのですから。

そうすると、海外に行くと東京銀行でしかそれができないわけ。そういうお客様も来る。学校の先生も授業があるのにわざわざ押して出てきてくれるから、例えば15分以内に処理してあげなくてはいけないとか、そういうお客様が20人ぐらいある日突然重なっちゃったり。ですが、お客さまに対する信用があるので。

東京銀行しかこの案件は扱えないということで、そういうお客さんが1日に20件

米国時代 バイブルキャンプにて
二列目左端が石塚カウンセラー。

ぐらいどんどん来て、電話は60本ぐらいくる。

そうすると、銀行の看板に傷つけちゃいけない。お客さまの気持ちをがっかりさせちゃいけない。短い時間にどんどんやらなくちゃいけない。必死で毎日毎日やっているうちに、自分の考えでやるというレベルでは平然とできるようになる。

釣部：いい意味でエゴがなくなるというか。

石塚：はい。

釣部：東京銀行しかないわけなので、自分ができないとその方の生活が困るわけですよね。

石塚：そうです。

釣部：だから好きとか嫌いとか、嫌とかではなく、とにかく捌いていってあげることが看板でもあるし、その方の生活を支えるということで。

石塚：ですから、私はそういう意味では自分で苦しんでやり抜くっていうよりも、そういう環境に職場が恵まれていたんで、自然のうちに平然と乗り越えちゃって、なんとも思わずに淡々と行動していけるようになったんです。

釣部：環境のサポートに自分が気がつくと突破していける？

石塚：そう。

釣部：でも、中にご病気になったりとか、鬱病になったりとか、あとは海外でたまに聞くのはつらくて自ら命を絶つ方とか…。

石塚：いろいろな性格の方がいるじゃないですか。学究肌の人もいれば、体育会系の人もいる。お客さまからいろいろな要望を受けてトントンやっている人もいれば、案件が山積してどうしようもなくなっちゃって、マンションから飛び降りちゃう人もいるのです。せっかく家族帯同で赴任しているのに、家族や周りのことが見えなくなっちゃうのですね。本人はひたすら悩んでいる。

釣部：同僚でも？

石塚：はい。それを補うにしても、どれだけの案件を抱えているかというのも、みんな一人でやっていますからわからないんですよ。そういう悲惨なことも起こってきます。

釣部：昨日まで隣にいたとか、同じオフィスにいた方がいなくなるときってどんな気持ちになられるんですか？

石塚：普通の人だったら発狂しちゃうような感じのところを私も乗り越えていますから、その気持ちはわかります。ラクダの背に乗っているようなもので、自分でもまかり間違ったら、一歩間違ったら飛び込んじゃったかもしれないと…。

米国時代　夏季キャンプにてカウンセラー仲間と。

釣部：石塚さん自身も一歩間違えればっ？

石塚：そう。みんなそういう中で、毎日毎日仕事に集中せざるをえない。体調も違いますからね、体の調子も違うから迷っちゃうときもあるわけです。こんなことやっていていいのかとか、お客さんのために時間が間に合わないとか、そういうようなときは必死を通り越しちゃって、「もうちょっと、おさらばするか？」という気持ちにもなってしまいます。

だから、かなりそういう意味では東京銀行というのは、ほんとに実力がないと、変な言い方ですが、自分でトットコ・トットコできないと、失敗しても成功しても。失敗してもなんとか取

近隣5店舗の800法人を集約した東京三菱銀行神田支社
支社長（中央：本人）と四天王の面々。

り返しがつくぞ、というふうに開き直って仕事ができないと、生活できないような境遇でしたね。

釣部：退職とかは考える？

石塚：そういう人もいますね。海外に行くと、夜に夫婦帯同で、ミスター&ミセスでいろんなパーティーがあるのです。そういうときには、外国の官吏の方々、役職の方々とも話をしなくてはいけないないのです、政府の要職の方々とも。そうなってくると、幅広い教養といえば語弊がありますが、高いレベルの活動ができなければいけなくて、そうなると、これは自分の性格には合わないいな、と辞めていく方ももちろんいます。

第三話　考え方一つで人生がかわる！

海外に強い東京銀行は「民間外務省」と呼ばれていたと話す石塚氏。幅広い世界で外交力を養い、どのように意識を高めてきたのか。経営者にとって「潰したくない」気持ちと「発展させたい」という気持ちは似て非なる思いで、保守的な思考からどのように切り替え、高めていくべきか、信じる力をどのように高めていくのかを科学の観点から伺います。

1、海外での仕事の厳しさ

釣部：ある意味日本の外交的な役割ですよね。

石塚：民間外務省といわれていました。

釣部：ですよね。**東京銀行は世界に強い、海外に強い東京銀行**というのは聞いたことはあるんですけど。バブルの時だから、とにかく日本がどんどん出ていって、企業が出ていってそれを下支えして、民間外交もやりながらで。石塚さんは、なんで耐えられたんでしょうか、生い立ちですか？　正義感ですか？

石塚：正義感もあったかもしれませんが、こんなことで負けるかというのもあったかもしれない。あとは、学生時代にアメラグもやっていたし、そういう意味では苦しいというのはわかっていて、苦しいのに慣れちゃうしね。マラソンランナーがランナーズハイなんてあるじゃないですか。

ある苦しさを過ぎちゃうと、それが楽しくなっちゃうこともあるし。だからそこまでいかないと、気が弱かったりすると、まかり間違うと辞めたり飛び込んじゃったりするわけです。

夢を叶える操縦法（１２）

あなたがどこに意識を向けるかで、あなたの感じ方は決まる。その感じ方、心の状態が、行動や会話に影響してくる。だから あなたは、前向きなことに意識を集中するようにすべきだ。なぜなら、自分が意識を向けたところにエネルギーが流れるからだ。
多くの経営者が「望んでいること」ではなく「起こってほしくないこと」に過剰の神経を集中させている。

「起こってほしくないこと」から幾分注意をそらし、「望んでいること」へと強く意識を集中させなければならない。
悪いことに目を向け続けると、その悪いことが起こってしまうのだ。

恐れを避け、信念を持って、意識的に望んでいる方向に神経を集中させること。

すると脳を通じて、心と身体全体が統御され、あなたが望む方向に向けて 自然と行動できるようになっていくのだ。

さあ今週は、恐怖心を手放し、本当に望んでいること、必要なことに意識を向けて生活に打ち込もう!!

釣部：次は意識の向け方というので、私はこれすごく「あぁ！」と思ったんですが、**「多くの経営者が望んでいることではなくて、起こってほしくないことに過剰の神経を集中させている」**と。

私、自分ではそうだなと思うんです。「起こってほしくないことから、幾分注意を反らし、望んでいることへ強く意識を集中させなければならない」と。だけど、多くの経営者ってやっぱり起こってほしくないことにエネルギーというか、注意集中しません？

石塚：するする。

釣部：これって詳しくといいますか。人間としての潜在意識というか、本能なんですかね？　自分を守るとか。操縦法12ですね。

2、起こってほしいことを楽しくイメージする

釣部：今、動物というのがありましたが、動物がやっぱり守るという。

石塚：先ほどから何回も申し上げていますが、人間って動物から人間に進歩してきましたけど、猛威を振るう自然界から身を守るために、脳は小脳から中脳、中脳から大脳皮質と発達するなかで、中脳を中心に危機回避の能力っていうのを伸ばしてきたんで、経営者という責任のある釣部さんだって、万代宝書房を立ち上げて実際の経営に勤しんでいるわけだから、やっぱりどうしても失敗はしたくないということで、保守的な発想とか行動に傾きがちなんじゃないかと…。

釣部：出ますね。

石塚：なので、**本当は起こってほしいことを楽しくイメージすると、先ほど申し上げたとおり身体全体がそちら側に調整されていく**。でもやっぱり責任もあって、せっかく設立した会社だから発展させたい、従業員もたくさん雇って幸せにしたいと思っている。だから、起こってほしくないほうに意識を集中しちゃうと。

これやっぱり人間が動物から人間にまで発達する中で、潜在意識の中に刷り込まれているようなこともあるのではないかと思うのですよ。

釣部：私なんかの場合、今おっしゃっていましたが、潰したくないという思いと、発展させたい思いって同じだけど違うんですよね、向きが。

やっぱり潰したくないというのは、起こってほしくないことじゃないですか。発展させたいって起こってほしいことじゃないですか。似ているんですけど非なるものだなと思うんです。

石塚：面白いことに、**起こってほしくないというと消極的になっちゃう**。中脳中心に危機管理の情報と行動のネットワークが働いちゃうのでマイナス思考になってしまう。だけど、**積極的にこうしたいというふうな方に決意すると、そちらのほうの仕組みが広がっていく**。ということで、要は考え方なんですよ。

釣部：喜びも違いますよね？

石塚：全然違う。

釣部：潰したくない、「ああ、潰れなかった。良かった」じゃないですか。発展だったら、「これできた！　やったー！」みたいな。

石塚：そうそう。ますます自信がつくから、次の段階ではレベルの高いところから、また積極的なポジティブな思考になっていく。そうすると、身体全体がそれで調整されて、行動も変わってくるということです。ぜひそうしてもらいたい。

釣部：何を望むかというのがすごい大事なことになりますよね。次に石塚さんは、すごく「挑戦する」とか、「諦めるな！」という言葉を使いますよね。

石塚：そんなことばっかりいっているね。

釣部：多いんですけども、「必ず達成すると自分の頭の中で何度もイメージし、徹底的に脳に焼き付ける」や、「信念が揺るぎない」や、「信じる力」や、「周りの人まで変えることができる」というじゃないですか。

その「信じる力」って何なんだろうとか、なんかやっぱり諦めるじゃないですか、人って。でも、そこにあえて「諦めるな！」といっているわけですよね、強く。それって何が「信じる力」になるのかな？　とか。

3、体全体60兆個「志」がある

石塚：**人間の潜在能力というのは、ものすごい力を持っている**ことは、先ほどから申し上げているとおり。だから、釣部さんが夢に見たこと、強く決意したこと、それ以上のことが実現してしまう、身体の仕組みがあるから。

それは最初から備わっているのですが、それを我々は小さい時から教育の場で知らされてないんです。ところが、20世紀の過去の100年で医学とか、生理学とか、動物学とか、分子生物学とか、遺伝子工学でそういうことが実証されてきています。

なので、ポジティブに決意したことで、脳の回路がそちら側に開かれて、喜ばしいことか悲しいことか、繁栄か貧困か、儲かることか儲からないことか、長く継続させるか短く終わらせるかなど、そういう大げさなんですが、決意した方向で人生がもたらされてしまうのです。釣部さんはいつか言っていたけど「**言霊の力**」とか。

自分に投げかける言葉や決意、それで身体全体が統御されていくので、人間にはやっぱり無限な可能性が秘められているわけ。だが、それは知らされていないと。あるいは、知らされたとしても自分で本当には信じていないとか、信じられないということだけなんですが、仕組みはちゃんとできている。その信じる力がどこから出てくるかというと、これは日本人が証明しているの。１９３５年に湯川秀樹博士が、原子核の構造とその性質、中間子の理論というのでノーベル物理学賞を受賞したんですね。

人間の身体は今60兆個の細胞からできているといわれているんですが、その細胞の中のひとつひとつに原子核があって、原子核の中は陽子というプラスの電荷を持っている原子が地球儀みたいに回っているんです。その横に中性子っていう、湯川先生は中間子といっていましたが、電気的に中性な原子が一緒に回っているんです。

その周りを１つの核として電子が回っている。マイナスの電荷を帯びて。それでプラスの陽子に対して、マイナスの電子で、なんとか原子核というのは形を保っているんですけど。陽子というのは「志」とか「心」とか、そういうものを発揮するものなんですよ。

それで横にいる中性子というのが、「感情」「感覚」とか、そういうものを感じるんです。で、陽子というのが心ですから、体全体60兆個「志」があるわけですよ。だから、人間の心はどこにあるか？ というのは、なかなか医学の領域でもどこにあるかってわからないんですが、体全体にある。

だから、**ひとたび「よし、こうするぞ！」というふうに思ったら、身体全体の陽子がそういう働きになってしまう**。そういうことを利用したのがアメリカですよ。アメリカは人が発明したものでも、すぐ活用できる。

一つは物理学でマンハッタン計画で原子爆弾をつくったんですけど、もうひとつは健康ということに活用したんです。そうすると、その陽子というのは人間の気持ちが萎えちゃうと、回転球体の軌道がズレて球体が歪んじゃうんですよ。

陽子・中性子・電子の回転がちょっと歪んでしまい、それがどんどん歪んでいくと、自分の細胞であるにもかかわらず、違った細胞になって違った働き、器官としての働きをしなくなっちゃうんです。それが増殖するのが癌なんです。

アメリカはそういうことわかっているから、心というのは大切だと20世紀の時代から医学で取り入れているわけ。要するに自分の気持ちを萎えさせちゃいけない。空元気でもいいから元気を出していないと、身体全体の細胞が正しく起動しないんです。ちょっと医学的な、話になってしまいましたが。

釣部：我々倫理法人会で一緒に学んでいますけど、「明朗」「愛和」「喜働」で、「明朗」というのが一番最初にきますよね。

石塚：そう。「明朗」ということになると、今言ったように身体本来の働きになるから、心も身体も本来持っている人間の正常な形になります。そうするとやっぱり心が働くから、人を大切にしようというようなことになるし、相手を慮る関係に発展していく。だから絶対に**心というのは、空元気でも元気を出していないとだめ**だと、こういう話です。

シンガポール クリケットクラブ前で
毎年8月9日の独立記念日の式典はここで行われる

早大ラグビー部ＯＢ会長の大井孝元氏（後に日高岩井本社国際金融部長）が英国のクラブチームに属し、交流試合をするということで応援に駆け付けた。1987年。

第四話　素晴らしい挨拶は高く評価される!!

経営者には最終決定権があり、正しいことを行うことで世の中にも、そして周りの人全てを良い方向に持っていく力が備わっていると話す石塚氏。銀行員時代に新人研修で学ぶ、他所では一切経験できない「あいさつ」練習の壮絶体験、出世するためにするといいこと、人生を良くする質問のひけつ、奇跡を起こす言葉のパワーについても伺います。

1、人生は自分でコントロール

釣部：石塚さんの話を、ここまでトータルで聞いていると、**人生って自分の手の中にあるという感じですね。**

石塚：そうそう。ここにあるの。

釣部：あるんですよね。でも我々ってあるような、ないような、やっぱり外からの、社会だったり、環境だったり、生い立ちだったり、いろんな外の要因で自分の人生ってコントロールされている。その中でなんとか乗り越えたものもあるし、乗り越えられないものもあるけど、石塚さんの考え方は全てが掌の中に人生はあるよと。

石塚：そう。しかも、人間は社会的な存在で、他人との関係の中でしか生きられないわけだから、その中で自分の心がそういうふうに認識できたならば、**自分の活動ね、「志」、決意と行動が伴うと、それが周りにいい影響を与えてくる。**

そうすると、周りの人まで変えていくことができるということなので、社会性を持っている。**それは自分の掌の中にある。**

釣部：自分が変わることで、周りの人も。逆にいうと悪いことすれば悪い影響が伝播していくし…。

石塚：そのとおり。

釣部：いい考え方というか、先ほどでいうと**健全な経営者は周りも変えていくし、会社も変えていくし、社会も変えていけると。**

石塚：会社は役割論だから、最高経営責任者のＣＥＯ・社長以外の、中間管理者は正しく物事を行なうことしかできないけど、経営者は最終責任を負っているから、今の発展形で正しいことを唯一行うことができるんですよ。だから、決意してやっていけばいいわけ。そうすると、世の中のためにもなるし、人にもいい影響を与えていく。そういうことで、周りの人の人生までも変えることができるし、社会全体を良い方向に持っていくこともできるということ。

釣部：周りの人を変えるのに、よく挨拶が大事って言葉聞くじゃないですか。なんか銀行時代すごい挨拶は厳しいご指導を受けたというか、そのお話をお聞きしたいんですが…。

石塚：銀行員になると、挨拶が一番大切だってことを叩き込まれます。「明るく元気に笑顔で挨拶」と。素晴らしい挨拶を受けると気持ちがいいじゃないですか。いい挨拶だなと、挨拶している人まで素晴らしい人だと評価されて、周囲が感化を受けて、自分も知らないうちに周りの人たちを感化して良い挨拶ができるようになるわけです。

それが職場全体とかお客様とか地域社会に自然のうちに広がっていって、言ってみれば日本民族全体まで変わっちゃうと。素晴らしい挨拶をする人は、人間性を超えて能力まで「あの人、すごいんじゃないか？」と評価され、新しい職域とか業務とか、地位まで与えられちゃうと。今度新しい業務始めるんだけど、「彼は爽やかでいいね！」と。

釣部：挨拶だけで？

石塚：だけでね。そういうこと。誰がやっても初めてのことだから、気持ちのいい人にやらせてみよう。要するに爽やかな人にリーダーになってもらいたいというのは人情ですから。銀行に入るとそれを教わる、新人研修というのがありまして。

釣部：よく浜辺でやっていますよね。

松下電器産業（株）山下俊彦社長と
当時松下の現地法人10社が進出中
シンガポールシャングリラ ホテル　1988年

石塚：はい。研修所というのがありまして。私の時代は1ヶ月間。最初の4日間はまず挨拶練習でした。倫理は1、2、3、4の4拍子の挨拶ですけど、銀行の場合はちょっと気取って15度ぐらいのお辞儀で。30度が普通でしょう。

15度ぐらいで1、2、3なんですよ。学卒の新人って100人ぐらいなんですが、人事部の参事役さんが100人ぐらいの新人に対して「心を込めて、1、2、3！」と号令かけるんですよ。一日中かけるんですよ。一回3秒「心を込めて、1、2、3！」とそれに合わせてみんな心を込めてお辞儀をする。そうすると、1分間で20回。

釣部：声出すんですか？「いらっしゃいませ」とか？

石塚：いやいや。とにかく、お辞儀。

2、挨拶というのはまさしく人の心を開く黄金の鍵

釣部：ただのお辞儀？

石塚：声を発するのは参事役がね、「心を込めて、1、2、3！心を込めて、1、2、3！」と1分間で20回。1時間で1200回。一日8時間労働だから、9600回ずーっと。

釣部：それだけですか？

石塚：それだけ。そうすると、一日目の午後3時とか4時ぐらいになると、「俺は挨拶をするために銀行に入ったんじゃねえ！」と、辞めて行く人がいる、勝手に出てっちゃう人がいます。ひどい人は人事部の担当者を殴って出てていってしまう。大概は某元帝国大学法学部卒業の人。ですが、人事部は一切無視。とにかくきっちりやる。4日目の午前11時を過ぎて3万回を超えると、皆さん感動の涙を流して、まだ店頭に出てお客様に接触したことがないのに、お客様はありがたいなと、挨拶は大事だなと、銀行に入ってよかったなと、みんな涙、涙。

トヨタ アストラモーター社の製造ライン
完成車の前で。インドネシア 1988年

釣部：それ何かお話があるわけじゃないんですか？

石塚：ただひたすら。

釣部：ただやるだけなんですか!?

石塚：やっていると、みんな涙を流して、しみじみと丁寧に挨拶を行うようになる。

釣部：えー！

石塚：もうみんなすすり泣きの挨拶。

釣部：石塚さんも泣いちゃったんですか？

石塚：そうそう。そこまで徹底しないと、集中してやらないと身につかない、挨拶というのは。**銀行でさえも挨拶の大切さとか、商売の基本というのを大切にするんです。**だから皆さんの会社にも、ぜひ経営者の皆さんには「挨拶大事だ！」と言っているんですが、**挨拶というのはまさしく人の心を開く黄金の鎖というか、キー、鍵**だというふうに思っているんです。

釣部：「成功する人はより良い質問をし、結果より良い答えを手に入れる」と。

石塚：はい。

釣部：「人生の質を変えたかったら、どんな質問をすれば良いかということを考えましょう！」ということですが、良い質問ってなんですか？

石塚：**良い質問をする人は、例えば会社でいえば事業を発展させたり、個人でいえば昇進・昇格とか。個人の発展性が早い**んです。なぜかというと、相手をハッとさせて「そういう観点もあるな」と、相手に気づかせるので、質問した人が本当に聞きたかったり、知りたいというヒントとか回答が得られやすいわけです。

人を動かす質問力（1）

成功する人としない人との違いは何だろう？

ずばり、成功する人は より良い質問をし、結果、より良い答えを手に入れている ということだ。

次の行動への目安がハッキリするからだ。

考えるということ自体「質問」し「それに答えるプロセス」に過ぎないのだから、
より良い質問を見つけ出し、より良い答えを手に入れることが、人生をより深く考えることにつながるのだ。

だから人生の質を変えたければ、いつも自分自身や周りの人に対して、どんな質問をすれば質の高い答えに導かれるかを考えに考える癖を付けることだ。

さあ今週は、どうしても答えを知りたい純粋な子供達のように、より良い質問を自分や周囲の人々に投げ掛けよう!!

なので、良い質問をする人は良い情報を得て、すぐ行動に移せるということで成長が早い。だから、私が銀行から東証一部の流通小売業の役員で移ったときに、これはもう流通小売業ってすごいんですよ、肉体労働が激しいだけではなくてね。

会議をやると、「なんでできないんだ！」と言って、役員の人たちは目立たないといけないから、カッコいい攻め方ばっかりするわけ。そうすると、出席している中間管理者でも責任者たちは萎縮しちゃって何も言わなくなってしまったり、あるいは威勢のいい人は「何言ってんだ！」と言って、こういう理由だからできないと、できない理由ばっかり言うんで、会議にならないわけです、こうしようという発展性がないわけ。

だから、私はそのときに「じゃあ、どうすればできるようになりますか？」という質問したんです。そうしたらね、やさしく言ったからでしょうけど、「はい。こうすればできますよ」、あるいは「仕組みが今悪いから、こういうふうに変えたら自然のうちにうまくいくんじゃないですか」という意見がどんどん出てきた。

実りあるアイデアとか意見が出てきて、仕組みを変えていく場合には良い質問、この場合だと「なぜ？」から「どうすれば？」というところの質問の変化で、やっぱり良い結果が得られるという例じゃないかなと思っているんですけれど。

釣部：「どうしてできないんだ？」と訊かれたら、できない理由言いますよね。

石塚：言っちゃうでしょ。

釣部：「どうやったらできるんだ？」と訊かれたら、「ここを変えればできます！」と出ますよね。

石塚：出るよね。

釣部：言った以上責任出ますよね。今度できなかったら、また考えますよね。

石塚：考える、考える。

釣部：本当に言葉ひとつで、向きひとつで大きく変わりますよね。質問力というのは、すごく大事になってくるんだなと思いますね。

次にいきたいと思います。「逆境を超える言葉」という。物事をどう感じるかという、言葉のパワーですね。言葉を変えましょうということを言ってますよね、石塚さんは。パワーがあるから。それで感情も変わるというか、でも、言葉を変えるということは、人生が変わるということですよね。

「あんなことがあったから」、「あんなことで最低だった」というのは、「あんなことがあったから苦労できて今があるんだよ」というので、過去が変わりますよね。ということは人生が変わるということになりますよね。

石塚：言葉が理念とかビジョンを生んで、行動を呼び起こして奇跡が起こってくるということだから、今何度も言いましたけど、**深く決意すればやっぱり運命が変わると。奇跡を呼び起こすということになる**と思います。

◆ **逆境を越える言葉（2）**

あなたが物事をどう感じるかは、物事にどのような意味付けをするかで変化する。

意識的であろうとなかろうと、あなたが使う言葉が、状況の意味を決め、あなた自身の感じ方が決まる。

身に起こった出来事を「悲惨だ」と表現するのと「チョッとがっかりだ」と表現するのとでは、身体全体に与える感じ方が極端に違ってくる。

だとすれば、その言葉のパワーに気付き、会話の中にうまく取り入れていこう。

違った言葉を使ったら、感情のパターンも違ってくるのだ。

時には逆境でさえ、容易に乗り越えることが出来るのだ。

さあ今週は、普段と異なる言葉を自分に投げ掛けることによって、身体全体に与える感じ方を変え、新たな心境と行動を創り出してみよう!!

釣部：ヨハネがね、「始めに言葉ありき」と確か聖書にあったと思うんですが…。

石塚：よくご存じで。

釣部：あれって、このことですか？　と思うんですけども。

石塚：そのことなんですが、でも、釣部さんからヨハネ伝の話が出ると思いませんでしたね、深いね。相当の人生の荒波を越えてきたんじゃないですか？

釣部：いえ、そんなことないですけど…。

石塚：**「始めに言葉ありき」**、そういうふうに解釈すべきだし、解釈して良いと。

釣部：合っていますか？

石塚：合っています。そこまで解釈できる人はそういないんですよ。

新約聖書にありますよね、４つの福音書が…。マタイ、ご存知のとおり。マルコ・ルカ・ヨハネなんですが、それぞれに書かれた意味合いが異なるんですよ。

マタイというのは一番最初に出てきますが、これはイエス・キリストが人類を救うメシアである、ということをユダヤ人に示そうとして、ユダヤ人、イスラエルの先祖であるアブラハムまでさかのぼって書かれているわけです。つまり、旧約聖書との関係でイエスの生涯と教えが説かれている。

次のマルコ伝になると、数々の奇跡によってナザレから出た大工のイエスが人類の救世主・メシアであって、しかも人類を救う神の子であるということを示そうとして、イエスの行った奇跡ばかりが物語として説かれている。

ルカ伝になるとマタイよりも少し広くユダヤ人以外の外国人、聖書では異邦人って書いてありますけど、そういう人々に対してもイエスが人類の救世主だと、メシアであるということを示すために、今度はアブラハムをさらにさかのぼって、世界万民の祖先であるアダムまでさかのぼって書かれているわけです。だんだん広がってくるわけです、聖書自体の適用範囲が。そこで釣部さんの質問に答える最も大切なことですけど、皆さんが価値、あるいは値打ちがあると思っているものは、実は財産とか名声ではなくて、イエスだということを言っているわけですね。だから、信仰における価値の転換ということが訴えられている。だんだんと答えに接近してくるわけですけど。

最後にヨハネ伝というのは、当時のギリシャ的教養を持つ人々、ギリシャ的教養のレベルで考えている人々、だから当時のコスモポリタン、世界人に対してイエスはメシアであるということを示すために、ギリシャ哲学ですね、ロゴスという、当時の学問・教養の最先端であるギリシャの哲学的用語を用いてイエスが神の子であると。今の話題でいうと言葉は究極の人生そのものだと。人生は言葉の中にあると。この言葉をきちっと自分なりに解釈して、その言葉でもって自分の行動・考えを促せと。要するに言葉が理念・ビジョンを生んで、行動を呼び起こして奇跡を起こしていくと。

だから、**深く強く決意すれば運命が変わる**んだと。だから、**言葉というのは人生そのもの**だと。感情も言葉の中にあると。

で、釣部さんがおっしゃった「始めに言葉ありき」というのは、これが人間存在の本質的なところを言っているんだと、こういうことですね。だから素晴らしいと思う。万代宝書房も立派に成長すると思いますよ。

3、言葉で気持ちを変える！

釣部：ありがとうございます。今の流れから選んだのですが、「いい気分になるのに理由などない」と。**「今すぐいい気分になろうと心に決めればいいのだ！」**と。いい気分になるのに言葉を変えると？

石塚：そう。

釣部：気持ちを変えるのではなく、言葉を切り替えると変わるとおっしゃっているんですが、お話いただきたいんです。

石塚：**言葉が変わると気持ちも変わってくる**。言葉で理念やビジョンが備わって行動が変わってくるというのはそういうことで、言葉を変えると今までと雰囲気が変わるから、自分に対する言霊ですけど、自分に返ってくる反応が変わって行動自体も変わってくる。だから、やっぱり言葉というのは大事で、いい気分になろうと思えばいいわけですよ。

釣部：思えればね。思えないから言葉を変えるんですね？

◆ 逆境を越える言葉（１１）

あなたの感情は、すべてあなた自身の中から生まれる。
ということは、あなたが自由に生み出したり、変化させたり出来るはずだ。しかも いつでも自在に！

振り返ると本当に苦しい逆境は、皆それぞれにあったはずだ。

思っただけで「嫌な気分」になるというのに、大抵人は「いい気分」になるには理由が要ると思い込んでいる。
「いい気分」になるのに理由など必要ない。今直ぐ「いい気分」になろうと心に決めるだけでいいのだ。

ましてや あなたの行動を支配しているのは、「よくよく考えた結果」ではなく、ほとんど「直感的な反応」なのだ。
だから、大袈裟に逆境などと言わずとも「いい気分」**になる**ために 気持ちを切り替え、生きる姿勢を咄嗟に変えるあなた自身の「切り替え言葉」を考案し、使い慣れることだ。

「大丈夫！」でもよいし「よしやるぞ！」でもよい。「ほな、いきまひょかー！」などという自分への手軽な掛け声でよいのだ。

さあ今週は、「いい気分」をつくり出すあなた自身の「切り替え言葉」を考案し、あなた自身の人生を瞬時に明るく転換しよう!!

石塚：そう。

釣部：言葉は変えられるんですよね。気持ちは変えられなくても言葉は変えられるから、言葉を変えると気持ちが変わっていく。

石塚：常に言葉を変えていくと、自分が一番変わりやすい言葉を自分に対して発していると、自然に変わってくると。

上段中央左：立唄〜今藤長隆郎（石塚本人）
同　右：立三味線〜家元四世今藤長十郎

三世今藤長十郎 三十三回忌追善 今藤会 平成29年5月28日 歌舞伎座

釣部：石塚さんどんな言葉が変わりやすいですか？

石塚：私は、ここの文章でも書いていますが、これね、学生時代に経験があるんですが、私は**「ほな、行きまひょうか」**というのを自分に使っている。「ほな、行きまひょうか」と。例えば私は長唄やっていますが、国立大劇場とか歌舞伎座で1000人単位のお客さんいるじゃないですか。始まるとき、「ほな、いきまひょうか」と言うんです。

釣部：なんか拍子抜けしますね。

石塚：アメラグの試合のときにね、相手チーム、関西のチームでしたが、「ほな、行きまひょうか」と毎回毎回プレイの前に言う。
ハドルをしたあとプレイするでしょ。そのとき言うわけ。「うるせえやつだな！」と思ったんだけど、「ほな、行きまひょうか」と言うと、

ハドルをして次のプレーの作戦を練る。右上が本人。

ガクッとくるわけですよ、軟らかいから。すると、俄然すごい速い動きで力強い攻撃を仕掛けてくる。

こちらが攻撃のときには、相手は守備で「ほな、行きまひょうか」と言うんですけど、ダラダラしているかなと、はんなりしているかなと思うと、そうじゃなくて的確に守備をしてくるわけ。だからこれはいいぞと。「ほな、行きまひょうか」と自分に言うと、自分に対しては肩の力が抜ける。相手に対してはほんわかと気を緩めさせるというか、好戦的な態度を緩めるものとしてうってつけだと。私はそれを変え言葉に使っているんです。

釣部：じゃあそれを、それぞれの方が自分に合う、しっくりする言葉で、「よしやるぞ！」という人もいるし、「だいじょうぶだぞ！」という人もいるし、「苦難福門」という人もいるし、苦しいことがあったら良いことだって言葉をまず変えていくということで人生が変わると…。

第五話　挑戦するか、諦めてしまうか、いったい何が決め手となるだろうか？

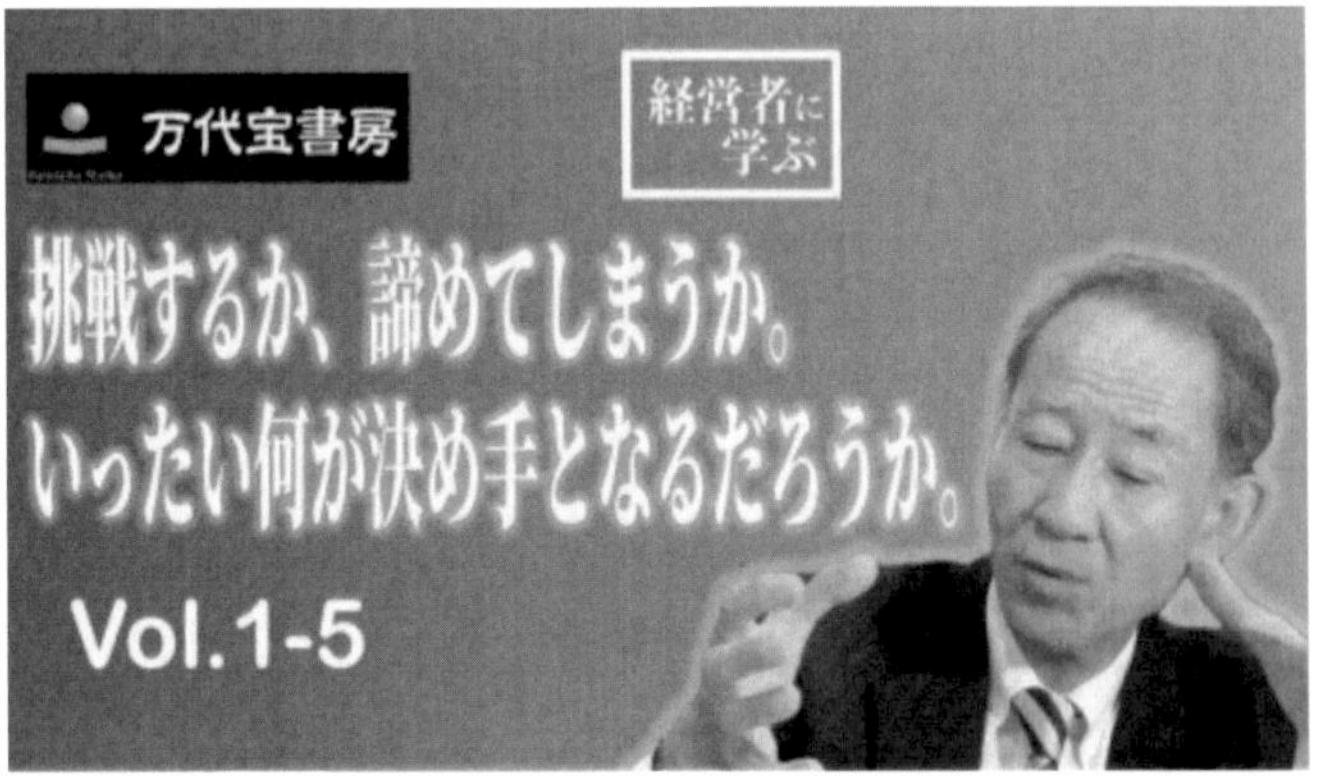

挑戦するか？ 諦めてしまうか？ いったい何が決め手となるだろうか。石塚氏は、「信じる力」だと説く。

必ず達成すると 自分の頭の中で 何度もイメージし、徹底的に脳に焼き付け、その信念が揺ぎないものとなった時に、あなたの身体全体が反応し、思い描いた通りのことが達成されると。さらには、「信じる力」は、自分の人生だけでなく、周りの人の人生までも変えることができるのだと。

1、信じる力を手に入れよう

釣部：第一話で諦めないことについてお話いただきましたが、もう少し深くお聞きしたいです。挑戦するか、諦めてしまうか。決め手は、何ですか？

石塚：**決め手は、やはり信じる力ですか**ね。**決意すれば運命が変わる**のです。決意すれば、行動が伴いますよ。あらゆる行動の源泉は何だろうか、ということですね。

人間の潜在能力は物凄い威力を持っていて、夢に見た事、強く決意した事、それ以上の事柄を実現してしまう才能というか、仕組みが生まれた時から備わっているのですね。それを知らされていないだけです。２０世紀の百年で医学・生理学・分子生物学・遺伝子工学その他の分野で実証されて来たのです。

決意したことで脳の回路が開かれ、喜びか悲しみか、繁栄か貧困か、長寿か短命かなど、大袈裟なんだけれども、決意した方向での人生がもたらされてしまうんです。よく言うでしょう、「言霊の威力」と。**自分に投げ掛ける言葉や決心・決意であなたの身体全体が統御されていく**のです。人間には、無限の可能性が秘められているのですね。ただそれが知らされていないし、あなた自身が本当には信じていない、信じられないという事だけなんですね。

◆ 信念の琢き方（1）

挑戦するか、諦めてしまうか。
いったい何が決め手となるだろうか。

それは あなた自身の「信じる力」によって決まる。

あなたはこれまでの人生で、否定的な思い込みをしたことはないか。それは人生にどんな影響を及ぼしているだろうか。

かつてあなたが先陣を切って革新的な仕事を達成した経験はないだろうか。

必ず達成すると 自分の頭の中で 何度もイメージし、徹底的に脳に焼き付け、その信念が揺ぎないものとなった時に、あなたの身体全体が反応し、思い描いた通りのことが達成されたのではないか。

とすれば、あなたが打ち破る必要のある壁は何だろう。

可能だと確信して 平然と無心に、時に楽しく挑戦する信念を持ち、行動することだ。

「信じる力」は、自分の人生だけでなく、
周りの人の人生までも変えることができる。
さあ今週は、「信じる力」を自分なりに養おう!!

釣部：すると その信じる力は、どこから生ずるのでしょうか。

石塚：今 言ったように、人には そういう仕組みが組み込まれているのだから、それを作動させるためには、先ず少しばかりの勇気が必要ですね。**勇気を出して、人生で何が起こっても、事態はコントロール出来ると思えば、出来るようになる**のです。

まずは心を定める事、強く決意する事です。

不意に起こる様々の出来事に、ついつい流されてしまいがちですが、それにどう向き合い、どう行動を取るかは、自分次第ですね。

日常茶飯事に起こる問題、人間関係だとか、仕事の事、健康の事など満足していない事があるならば、それをどうしたいのか、どのように変えたいのか、直ちに心を決めることなんですね。

釣部：では更に、周りの人の人生までも変えることができることの意味を詳しく。石塚さんの体験談を踏まえて語ってくれませんか？

石塚：先ほど挨拶の話をしましたが、挨拶は明らかに周りの人の人生まで変えますね。私は銀行員でしたから、挨拶が一番大切なことを叩き込まれるのですね。明るく元気に笑顔で挨拶とね。素晴らしい挨拶を受けると気持ちがいいですよね。いい挨拶だな、素晴らしい人だなと周りが感化を受け、周りの人達も引き摺られて挨拶するようになる。それが職場全体、お客様、地域社会へ自然の内に広がっていき、国民性まで改良することになる。

同時に、素晴らしい挨拶をする人のいる会社は、信頼や信用を得て社会的評価が高まります。すると、ご自分の経営を社会に押し出していく、社会に役立つ経営を展開するときに、従業員の明るい挨拶がそれを支え、推進しますね。商売の基本ですよ。

皆様のお会社はどうですか。つまり、**挨拶一つとっても心を込める。**そういう心掛け、相手を想う真剣な対応が周囲を感動させ、周囲を良い方向に導いていくのですね。やはり心が、感情が行動を呼び起し、社会を変化させるのです。

2、信念でチャンスを逃がすことに！

釣部：「信念」て、一つ間違えると、頑固にもつながりませんか？

石塚：そのとおりなんです。**確たる信念が偉業を達成することもあれば、こだわりすぎて、人生を変えるチャンスを拒むこともある**んです。

色々な経営者を見てきましたが、過去を振り返ると、自分の信念を貫き通すあまり、新しい考えに耳を貸さない人も少なくなかったです。自分の信念を客観的に振り返るとき、今のあなたには　どう映るでしょうね。

勿論、信念を絶対的な確信にまで育てたいのですが、昔起こった特殊な状況で感じたことを全てに当てはめ、心を固めてしまうと、先行きに歪みを生じさせてしまいます。

記憶ではもう忘れたと思っていても、脳は無意識に過去の出来事に囚われたまま信

パールボール（実業団１位と大学１位との日本一決定戦）審判クルー（前列左端が本人）横浜スタジアム

じ込んでしまう性質があるんですよ。

だから以前言ったように、何を信じるかによって、どう振る舞い、何を話すかが変わってくる。ならば逆に、世の中に対する見方を変えることで、人生は好転するはずです。否定的な思い込みを持ち続ける必要は全くないんです。

過去を脱ぎ捨て、未来に向って何を信じるか、その信念によって人生は無限に広がっていくんです。

釣部：先程の信念や決意と「人生は絵に描いたように順調にはいかない」の関係について、説明してくれませんか？

石塚：これは、皆さん容易に想像出来ると思いますが、信念や決意が確りしたものであっても、人間社会では相手がある話なので、絵に描いたようにはいかず、何度も滑ったり、転んだりしながら、やり方を学んで進んでいくんです。根本の信念や決意が確りしたものであれば、道は開けてくるということですね。

アメラグ創部時代 練習後の集合写真（後列左から2人目が本人）1972年 清水ヶ丘キャンパス

釣部：あと「もうこれ以上はしない、と決める」ことについて、具体的に説明してほしいです。

石塚：多分、人生においても、経営においても、やらない事を、決めて、その決定事項を守り続けるという事がポイントだと思んですよ。最低限やらない事を、これだけはやってはいけないというマイナスの領域を線引きし、定めておく方が、裁量範囲、選択範囲が広がりますよね。

断り切れなくて、ズルズルと自分の考えと異なる方向に引き摺られていくことが人間関係においては多いですよね。ここでストップ、もうこれ以上はしない、と決めることが物事を処理する上で、つまり最初に申し上げた私の定義でいう「経営」においては、極めて重要なのです。

これが軸を振らさぬ姿勢、処し方なのだと思います。

釣部：キッパリとした対応なのですね。筋を通すということなのですね。

3、誘惑がやってくる?!

石塚：経営者として慣れた頃に、必ず誘惑のタネが蒔かれるんです。簡単にまとめるとこんな誘惑です。

立派な事務所に移り、立派な応接室と立派な社長室を作りたがるんです。売上げの規模に比して過大の設備投資をしてはいけないのです。最低、月間の売上規模と同額の手許現金を保有して、出来れば3箇月分の手許キャッシュを銀行口座に保有しておくのが理想です。1年分の社員の給与分を保有しているという経営者もいますよ。

釣部：全社員のですか？

石塚：そうです。だから、コロナ禍では、簡単には倒産しません。じっくりと対策を立てられます。

次の誘惑が、株式投資など儲かる投資案件を売り込みに有能美人セールスが触手を伸ばしてきます。会社のカネで投資する時は、自分の行動をチェックしてもらうために取締役会に掛ける。個人のカネで投資する場合は、例えば、5百万円の範囲でしか投資しないと自ら大口投資規制のラインを設ける等々、誘惑に負けない自制ルールを作り、自己コントロールすることです。

釣部：最後にひとつ。石塚さんは、すべて短い文章にまとめていますよね。それは意図しているんですよね？

石塚：もちろんです。ダラダラした文章とか、感傷的な文章を書くと、やっぱり飽きがくるし読んでもらえないから、鋭い言葉をパッ、パッと投げかけるのが一番効果的だなと思っています。それから忙しい世の中なんで。しかも、自分勝手に送っていますから…。

釣部：書いていますもんね。「～石塚が勝手にお送りするものですから、興味がなければ無視してお捨てください。」と。

石塚：それはわかっていても、毎週毎週くるわけです。読んでいられないなと、長かったら…。でも、短ければちょっと読んでやろうかと。しかも、刺激的な内容があれば「そうだね！」ということで、ちょっとでも心が変わればすべて変わってくるからということで、簡にして要、ここを心がけています。

釣部：僕も読ませていただいていて、行間がいっぱいあるんで、行間を読み取れていないなとか気になるときもあって、今日そのいくつかをピックアップして、お話しいただいたので理解できました。連絡すれば、メルマガを読みたい方は、石塚さんに連絡を送ると追加で出していただけますよね？

石塚：はい。

釣部：今日は貴重なお話を聞けました。石塚さん、どうもありがとうございました。

石塚：とりとめもない話で恐縮でした。ありがとうございました。

経　歴　書

石塚　隆正（いしづか　たかまさ）
1952（昭和 27）年 8 月 14 日生（68 歳）
神奈川県出身、東京都在住

1975.3　横浜国立大学　経営学部卒業　経営学士
1975.4　日本アメリカンフットボール協会関東審判部
　　　　公式審判員
1977.3　横浜国立大学大学院　経営学研究科学位取得
　　　　経営学修士
1977.4　東京銀行（現 三菱 UFJ 銀行）入行　丸の内支店
1982.2　同　名古屋支店 支店長代理
1985.5　同　シンガポール支店　営業第一課 支店長代理
1989.7　同　アセアン地域 プロジェクト・マネージャー
1991.1　同　本店企業部 アセアンデスク 審議役
1992.6　同　大阪支店 営業第四課長
1996.4　合併により 東京三菱銀行（現 三菱 UFJ 銀行）
　　　　大阪淀屋橋営業部 営業第四課長
1997.2　同　本店営業第一本部 営業第四部次長
2000.6　同　下赤塚支店長
2001.1　同　法人営業主体の下赤塚支社設立 支社長
2002.4　同　本店法人営業部副部長
　　　　　　兼 京浜エリア担当部長
2003.7　同　神田支社長 兼 法人第一部長
2005.5　株式会社エコス（東証一部　証券コード 7520）
　　　　専務取締役

2009.9　同 兼 株式会社シー・エイチ・エス 代表取締役
2012.7　株式会社ナミキ　代表取締役社長
　　　　一般社団法人 日中国際交流協会　監査役
2014.9　いたばし倫理法人会　会 長
2015.4　国立大学法人 横濱國立大學校友会　理 事
2016.7　内村物産株式会社　顧 問
2016.9　株式会社 Global Ethics（GE）経営研究所
2016.9　代表取締役社長
2016.9　一般社団法人 倫理研究所東京都倫理法人会幹事長
2016.11 一般社団法人 日本免疫研究会　専務理事
　　　　一般社団法人 きらめき日本　理事長
2017.8　一般社団法人 全国経営診断士協会　名誉理事
2018.5　一般社団法人 グローバル教育研究所　理事
2018.11 株式会社 暮しと健康社　代表取締役
　　　　株式会社 エーオーエーアオバ 監査役
2019.5　株式会社 染宮製作所グループ 国際顧問
2019.9　認定 NPO 法人 きらめき未来塾 事務局長
2020.6　一般社団法人 ミュージックセラピーオーケストラ理事
2020.10 一般社団法人 RINRI SDGs 推進協議会 監査役
現在に至る

賞 罰　　なし

以 上

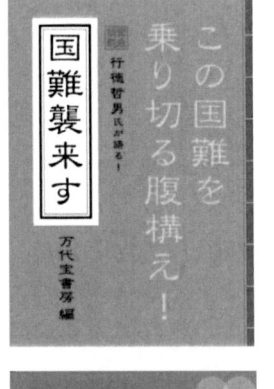

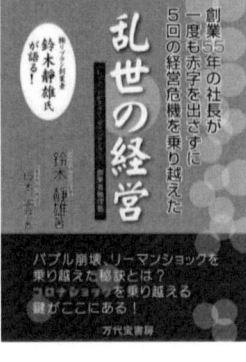

【石塚隆正プロフィール】
経営学者の卵から外国為替と国際金融の専門銀行「東京銀行」へ。96年4月、三菱銀行と合併後はバブル崩壊後の日本経済再生に奔走。一貫して法人取引畑を歩んだ後、上場流通小売業役員、建設不動産業の社長等を歴任。幾多の企業役員を兼ねつつ、現在は経営コンサルタントとして講演並びに真の経営者を育成中。

【連絡先】
㈱Global Ethics 経営研究所
〒112-0005 東京都文京区水道 2-11-5 明日香ビル1階
E-mail : t-ishizuka@zit.co.jp
【メルマガ購読希望者の方へ】
上記 E-mail に、メルマガ購読希望とご連絡ください。

志ある経営者の皆様へ
決意すれば運命が変わる！
元銀行員が見てきた本物の経営者とは？

2020年10月1日　第1刷発行
著　者　石塚　隆正
（インタビュー　釣部 人裕）
発行者　釣部人裕
発行所　万代宝書房
〒176-0012 東京都練馬区豊玉北5丁目 24-15-1003
電話 080-3916-9383　FAX 03-6914-5474
ホームページ：http://bandaiho.com/
メール：info@bandaiho.com
印刷・製本　小野高速印刷株式会社

ISBN　978-4-910064-27-7　C0036

装丁・デザイン／ルネ企画 小林 由香

万代宝書房について

みなさんのお仕事・志など、未常識だけど世の中にとって良いもの（こと）はたくさんあります。社会に広く知られるべきことはたくさんあります。社会に残さなくてはいけない思い・実績があります！　それを出版という形で国会図書館に残します！

「万代宝書房」は、**『人生は宝』、その宝を『人類の宝』まで高め、歴史に残しませんか？**」をキャッチにジャーナリスト釣部人裕が二〇一九年七月に設立した出版社です。

「実語教」（平安時代末期から明治初期にかけて普及していた庶民のための教訓を中心とした初等教科書。江戸時代には寺子屋で使われていたそうです）という千年もの間、読み継がれた道徳の教科書に『富は一生の宝、知恵は万代の宝』という節があり、「お金はその人の一生を豊かにするだけだが、知恵は何世代にも引き継がれ多くの人の共通の宝となる」いう意味からいただきました。

誕生間がない若い出版社ですので、アマゾンと自社サイトでの販売を基本としています。多くの読者と著者の共感をと支援を心よりお願いいたします。

二〇一九年七月八日

万代宝書房